AF230309

LA PROPHÉTIE

DE Mgr L'ÉVÊQUE DE POITIERS

57
1770

LA
PROPHÉTIE

DE Mgr

L'ÉVÊQUE DE POITIERS

« Ce n'est pas pour un petit dessein que Dieu a
» fait naître l'Enfant Impérial et lui a donné le
» Saint-Père pour parrain. Ce gouvernement
» tombera, parce qu'il a commis des fautes,
» et que toutes les fautes s'expient ; mais,
» après d'effroyables malheurs, la France
» cherchera un refuge, et elle le trouvera
» dans le filleul de Pie IX. Je vous le répète,
» ce n'est pas pour un petit dessein que Dieu
» a fait naître cet Enfant auguste. »

*(Paroles prononcées par Mgr l'Évêque de Poitiers,
le 23 décembre 1863).*

PARIS

AMYOT, ÉDITEUR, RUE DE LA PAIX

—

Mars 1874.

Le 23 décembre 1863, Mgr Pie, évêque de Poitiers, a prononcé des paroles prophétiques autour desquelles il s'est produit, en février 1874, un assez grand bruit.

Nous croyons, au point de vue de l'histoire de ce temps, utile de grouper la correspondance à laquelle ces paroles, affirmées par celui qui les a entendues, niées par celui qui les a prononcées, ont donné lieu dans la presse politique.

Après avoir lu les diverses lettres, que nous reproduisons sans les accompagner d'aucun commentaire, le public impartial appréciera et jugera.

1ʳᵉ LETTRE.

Le 12 février 1874, M. l'abbé Héline, secrétaire de l'évêché de Poitiers, a adressé la lettre suivante au *Figaro* :

Le journal l'*Ordre*, dans son numéro du 4
février, a annoncé une brochure de M. Léonce
Dupont, intitulée : LE QUATRIÈME NAPOLÉON
(Lachaud, éditeur, Paris), et il a ajouté :

« L'auteur a pris pour épigraphe de son livre
» ces paroles de Mᵍʳ Pie, évêque de Poitiers :

« Ce n'est pas pour un petit dessein que Dieu
» a fait naître l'Enfant impérial, et lui a donné
» le Saint-Père pour parrain. Après d'effroyables
» malheurs, la France cherchera un refuge, et
» elle le trouvera dans le filleul de Pie IX. »

Le livre, avec son épigraphe, a, en effet, paru chez l'éditeur Lachaud.

Le vénérable évêque de Poitiers n'a jamais prononcé ni écrit le passage qui lui est attribué.

Le secrétaire-général de l'évêché de Poitiers,

HÉLINE, chanoine.

2ᵉ LETTRE.

Le 13 février 1874, M. Léonce Dupont a écrit au *Figaro*

Paris, 13 février 1874.

Monsieur le rédacteur en chef,

J'ai lu la lettre que vous a écrite M. l'abbé Héline, secrétaire-général de l'évêché de Poitiers. Elle ne m'a point surpris ; car, dans la journée d'hier, j'ai reçu la visite de cet ecclésiastique, et je me suis entretenu avec Mgr Pie lui-même de ce qui fait l'objet de sa réclamation.

Comme j'ai eu l'honneur de le dire au vénérable évêque et à M. l'abbé Héline, l'affaire dont il s'agit n'est point à débattre entre Sa Grandeur et moi, mais entre Sa Grandeur et M. Ernest Merson, dans le journal duquel j'ai copié les paroles que Mgr Pie affirme n'avoir ni écrites ni prononcées. Je ne les ai citées qu'en indiquant la source où je les avais prises.

Ce n'est pas moi, c'est M. Ernest Merson qui, dans l'*Union Bretonne* du 1er octobre 1873, s'adressant à M. Emerand de la Rochette, rédacteur de l'*Espérance du Peuple*, disait :

« Monsieur, au sujet des mystères de l'avenir, que je n'ai pas le goût de révéler, parce que je ne puis avoir la prétention de les connaître, laissez-moi vous rapporter quelques paroles bien significatives que Mgr Pie, évêque de Poitiers, m'a dites vers la fin de 1863. »

(Suivent les paroles de l'épigraphe où sont annoncées les destinées du Prince Impérial.)

Voilà ce que j'ai lu dans l'*Union Bretonne* sous

la signature autorisée de M. Merson, rédacteur en chef de ce journal. Mgr Pie ne lit peut-être point l'*Union Bretonne*; toujours est-il qu'il a laissé passer l'article sans y opposer le moindre démenti.

A cette époque, j'écrivais le *Quatrième Napoléon;* les paroles de l'évêque m'ont semblé précieuses à recueillir et à divulguer; elles servaient utilement ma cause. Je les ai prises pour épigraphe et n'en ai supprimé qu'une phrase qui avait trait aux fautes du gouvernement impérial. Je ne saurais trop regretter que, pour déclarer apocryphes les propos de l'*Union Bretonne*, Sa Grandeur ait attendu qu'ils fussent cités dans mon livre. Ils ont reçu déjà une telle publicité, et ils ont été, jusqu'à présent, si bien justifiés, que le vénérable prélat aura beaucoup de peine à se défendre du don de prophétie.

Néanmoins, quoi qu'il m'en coûte de renoncer à son témoignage, je ne dois pas hésiter à satisfaire Mgr Pie. Il m'a prié de ne point laisser subsister la citation qui figure sur la première page du *Quatrième Napoléon;* je ne puis l'enlever des exemplaires de la première édition, ni même de tous les exemplaires de la seconde qui se fait en ce moment ; mais, hier, j'ai donné l'ordre d'arrêter le tirage et de faire disparaître des clichés l'épigraphe en litige. Elle ne figurera donc que sur six ou sept cents exemplaires de la deuxième édition.

C'est tout ce que j'ai pu faire pour contenter Sa Grandeur et ne point engager sa responsabilité au-delà de ses convenances. Je tiens pour vraie la déclaration de M. l'abbé Héline, et je demande pardon à mon honorable confrère, M. Ernest Merson, d'avoir fait passer l'autorité de l'Église avant la sienne.

Nous avons d'ailleurs, lui et moi, quelques compensations à cette légère disgrâce. Pour une prophétie qui nous échappe, nous avons les desseins de Dieu qui s'accomplissent, desseins que Mgr l'évêque de Poitiers a la modestie de n'avoir point voulu prévoir, mais devant lesquels, j'en ai l'assurance, sa foi et son patriotisme ne refuseront pas de s'incliner.

Je vous prie d'agréer, monsieur le rédacteur en chef, l'assurance de mes sentiments les plus distingués.

LÉONCE DUPONT.

3e LETTRE.

—

Le 15 février 1874, M. Ernest Merson s'est adressé dans les termes qui suivent au *Figaro*:

Nantes, le 15 février 1874.

Monsieur le rédacteur en chef,

Appelé à m'expliquer à mon tour au sujet des paroles prises par M. Léonce Dupont pour épigraphe de son livre le *Quatrième Napoléon*, je viens, malgré le grand déplaisir que j'éprouve à me trouver en désaccord avec Mgr l'évêque de Poitiers, vous déclarer qu'elles sont absolument exactes, mais incomplètes.

Les voici dans leur intégrité, telles que le vénérable prélat me les a dites, le 23 décembre 1863, dans son palais épiscopal :

« Ce n'est pas pour un petit dessein que Dieu
» a fait naître l'Enfant Impérial et lui a donné le
» Saint-Père pour parrain. Ce gouvernement

» tombera, parce qu'il a commis des fautes, et
» que toutes les fautes s'expient ; mais, après
» d'effroyables malheurs, la France cherchera un
» refuge, et elle le trouvera dans le filleul de Pie
» IX. Je vous le répète, ce n'est pas pour un
» petit dessein que Dieu a fait naître cet Enfant
» auguste. »

J'ai recueilli ces paroles aussitôt, non-seulement les conservant dans ma mémoire, mais encore les consignant sur mon carnet de voyage, et les répétant, à mon retour à Nantes, à quelques amis intimes, qui pourraient en témoigner, au besoin.

» Plusieurs fois depuis le crime du 4 Septembre, je les ai citées dans mon journal, notamment le 1er octobre 1873. Elles n'ont jamais été l'objet d'une demande de rectification.

» Voilà, Monsieur le Rédacteur en chef, trente-cinq ans que j'ai l'honneur de tenir la plume du journaliste. J'ai soutenu bien des polémiques et subi bien des controverses. Jamais aucun de mes adversaires ne m'a adressé un démenti. Celui que je reçois de la part de Monseigneur de Poitiers, étant le premier qui m'arrive, m'est d'autant plus sensible. Je n'en vois l'origine que dans un défaut de la mémoire du vénérable prélat.

Moi, je me souviens.

Je me souviens, par exemple, que, le 13 octobre 1852, un des évêques les plus vénérés de l'Église de France parlait ainsi au prince Louis, qui devait, à quelques semaines de là, s'appeler l'empereur Napoléon :

« Prince,

» Les Livres saints ont dit, et la voix publique me répète, que le langage de la flatterie ne convient pas sur les lèvres du prêtre ; mais je sais aussi que le Dieu dont je suis le ministre a horreur de l'ingratitude, et nous serions *ingrats* envers lui comme envers *vous*, si nos cœurs ne le bénissaient avec effusion de tout le bien que sa miséricorde a daigné nous faire par *vous*. Évêque et Français, je ne puis CONTEMPLER *sans une profonde et religieuse émotion l'homme prédestiné que les impénétrables desseins d'en-haut tenaient en réserve*, pour opérer la délivrance de Rome et l'affranchissement de l'Église, aussi bien que le *salut de la patrie et de la civilisation.*

» Prince, c'est le précieux privilége du chrétien de n'envisager les choses de ce monde qu'avec les yeux de la foi.

La mienne ne se lasse pas *d'admirer la grandeur du rôle providentiel qui vous est échu.* Elle en reporte le premier mérite et la première cause à votre vertueux père. Oui, car l'Écriture m'enseigne que Dieu rend avec usure aux enfants ce qu'il a reçu des parents, Or, la sainte Église de Dieu, l'unique épouse de Jésus-Christ, la vraie religion, n'a guère connu de jours propices en Hollande depuis plusieurs siècles, si ce n'est les jours trop vite écoulés du gouvernement protecteur et catholique de son roi Louis. Laissez-moi donc vous dire, Prince : Les faveurs prodigieuses dont le ciel vous comble aujourd'hui sont la *moisson de grâces* que votre père avait semée pour vous.

» Mais il est écrit qu'à celui auquel il a donné beaucoup, Dieu demandera beaucoup. Prince, votre *mission n'est pas achevée.* Les passions coupables, dont vous avez *comprimé la fureur*, ne sont point écloses tout-à-coup ni par hasard. Le trop long règne d'un matérialisme sceptique les avait produites et développées. Sous l'empire des mêmes causes et des mêmes influences, renaîtraient infailliblement et prochainement les mêmes effets. Prince, Dieu le veut, et ce sera votre grande œuvre : au-dessus de la morale vulgaire des intérêts et des jouissances, vous rétablirez à tous les degrés de l'échelle sociale et politique la saine morale des principes et des devoirs. Que les vertus d'abnégation et de renoncement, que l'esprit de foi et de sacrifice, que les préceptes chrétiens, en un mot, redeviennent la devise et la loi de tous les hommes appelés à seconder le pouvoir ; et la France, qui n'attend qu'une impulsion généreuse, redeviendra la nation incomparable qu'ont connue nos pères, le pays des grandes choses et des nobles caractères.

» Tels sont, Prince, les hommages respectueux et les vœux ardents que déposent à vos pieds le clergé de cette seconde ville de mon diocèse, et celui de cette contrée célèbre que l'Empereur appelait « la terre des géants. » Tous nous allons invoquer pour *vous, du fond de notre âme,* le Dieu tout-puissant, qui tient en ses mains le sort des princes et les destinées des peuples. »

L'évêque qui disait ces choses si vraies, dans un langage si recherché pour la louange et si éloquent même pour l'adulation, Mgr Pie le connaît. Il gouvernait avec une rare distinction le diocèse de Poitiers. C'était lui-même.

Or, si Mgr Pie parlait ainsi en 1852, est-il surprenant qu'il s'exprimât comme il l'a fait en 1863 ?

Laissez-moi ajouter, Monsieur le rédacteur en chef, que M. Léonce Dupont s'est montré bien prompt à me renoncer, bien empressé à se désavouer lui-même, bien facile à s'incliner devant les déclarations de M. l'abbé Héline, et qu'il eût pu, avant de les admettre comme concluantes, attendre mes explications à leur sujet. M. l'abbé ne savait et ne sait encore rien, puisqu'il n'assistait pas à l'entretien du 23 décembre, et Mgr Pie a perdu sans doute le souvenir d'un fait propre, d'ailleurs, à passer inaperçu dans son existence si active et si remplie.

Quant à moi, j'affirme que le propos nié par M. l'abbé Héline est vrai, absolument vrai, vrai de toute vérité. Je l'affirme sur l'honneur. Je l'affirme devant Dieu et devant les hommes. Je l'affirme sur l'âme de ma mère, qui, après une vie sainte, vient tout-à-l'heure de s'endormir dans la mort.

Agréez, Monsieur le rédacteur en chef, l'assurance de mes sentiments les plus distingués.

ERNEST MERSON.

4ᵉ LETTRE.

—

Le 18 février 1874, M. Léonce Dupont a écrit de nouveau au *Figaro* en ces termes :

Paris, 18 Février 1874.

Monsieur le rédacteur en chef du *Figaro*,

Après avoir publié le démenti de M. l'abbé Héline à M. Ernest Merson, vous avez publié la réponse de M. Ernest Merson à M. l'abbé Héline et le reproche que m'a fait M. Merson de l'avoir renoncé. M. l'abbé Héline se taisant, je n'ai plus qu'un mot à dire pour clore ce débat.

Je prie M. Merson de vouloir bien relire la lettre que je vous ai écrite ; il verra que je ne l'ai point renoncé autant qu'il le semble croire. A mes yeux, sa parole a tout le poids que doit avoir la parole d'un galant homme.

Je puis lui donner encore d'autres satisfactions.

Lorsque j'ai communiqué au vénérable évêque le télégramme où M. Merson affirmait sur l'honneur avoir entendu les propos qu'il avait rapportés, Sa Grandeur s'est rappelé qu'un jour, à Poitiers, il y a bien longtemps, Elle avait, en effet, parlé au rédacteur de l'*Union Bretonne* de la roue de la fortune qui, en tournant, ramènerait peut-être des circonstances et des conjonctures telles que le Prince Impérial serait pour la France une ressource suprême. Le prélat, cependant, croit avoir ajouté que la même mission pourrait incomber aussi bien au comte de Chambord ou au comte de Paris.

Vous voyez donc, monsieur le rédacteur en chef, que, lorsque j'ai répondu à M. l'abbé Héline, je savais à peu près de quel côté étaient les souvenirs les plus fidèles ; car, en tout ceci, il y a deux mémoires en présence, et non point deux paroles. La concession que j'ai faite par déférence pour un haut dignitaire de l'Église ne saurait donc éveiller les susceptibilités de mon honorable confrère de Nantes. Elle m'oblige cependant à retirer de mon livre la prophétie dont Mgr Pie se défend Du moment qu'elle est reniée publiquement, elle perd son prix ; je la puis sacrifier sans trop de regret.

Il importe aussi que nous ne considérions point l'évêque de Poitiers comme un ennemi aussi acharné de notre cause qu'il veut le paraître. Je l'ai entendu parler en termes respectueux et sympathiques de l'Empereur et de toute la famille impériale. S'il n'avait derrière lui ces laïques qui pèsent toujours plus ou moins sur le haut clergé, le vénérable prélat eût été peut-être moins prompt à démentir M. Merson ; la mémoire lui manquant, il se serait fié à la mémoire de nòtre confrère.

Dans les choses politiques, les évêques ont des opinions professionnelles et des opinions personnelles ; comme les généraux, ils subissent quelquefois une discipline et une domination dont les exigences vont beaucoup plus loin qu'on ne pense. Je sais gré à Mgr de Poitiers de m'avoir laissé soupçonner que, chez lui, les opinions les mieux établies n'étaient point celles qu'il laissait voir au public.

Je souhaite que ma lettre, en donnant à M. Merson la satisfaction que je lui dois, termine un incident qu'il n'a point tenu à moi d'éviter. Mgr Pie, du reste, ne semble plus insister sur ses dénégations; devant son silence, il serait indiscret de prolonger le débat.

Croyez, Monsieur, à mes meilleurs sentiments.

LÉONCE DUPONT.

5e LETTRE.

Le 23 février 1874, Mgr l'évèque de Poitiers a écrit ce qui suit au *Courrier de la Vienne*

Poitiers, 23 février 1874.

Monsieur,

Je n'ai connu qu'une partie des articles de journaux dont vous me parlez, et j'ai cru de ma

dignité qu'on n'ajoutât rien à la réclamation for-
mée en mon nom par le secrétaire de mon évêché.

Le publiciste qui me prête obstinément des
paroles que je lui aurais dites en 1863 dans une
conversation privée, à une époque où ma maison
était cernée par la police impériale, jouit-il d'assez d'autorité pour que je doive faire opposer un
second démenti à son imputation ?

M. Merson fut amené à Poitiers, autant qu'il
m'en souvient, par une affaire portée devant les
tribunaux. Il se crut assez protégé par ses opinions
pour pouvoir affronter l'entrée de ma demeure et
pénétrer dans mon cabinet : ce qui n'était point
alors sans inconvénient pour les hommes publics.

Le propos emphatiquement prophétique qu'il
m'attribue sur la prédestination du *filleul de Pie
IX* est absolument gratuit, et ne peut s'expliquer
que par la préoccupation de son esprit.

Ayant passé à Rome le printemps de 1856, j'ai
eu la douleur de constater et de ressentir très-
vivement pour mon compte l'impression produite
par le grave incident qui vint s'interposer entre
la naissance du Prince Impérial et les cérémonies

de son baptême. Dans ce trop mémorable Congrès de Paris, où le représentant du Grand-Turc siégea pour la première fois parmi les puissances chrétiennes, et où celles-ci s'accordèrent à lui garantir l'intégrité de son territoire, nous entendîmes avec stupeur le représentant de la France dénoncer de la façon la plus injuste et la plus blessante le gouvernement pontifical. Le protocole du 8 avril 1856, dû à l'initiative du comte Walewski, organe de l'Empereur, contenait le principe de tous les maux qui ont fondu depuis sur l'Église et sur l'Europe. Quel que soit donc le mystère de l'avenir réservé, par la mobilité de nos institutions et par nos révolutions incessantes, à l'Enfant qui eut Pie IX pour parrain dans ces désolantes conjonctures, je suis de ceux qui ont suivi avec trop d'attention, jour par jour, la marche de l'histoire contemporaine, pour avoir eu jamais la pensée d'asseoir sur ce fait une mission providentielle et un horoscope favorable.

J'écris ces paroles à regret, Monsieur : la faute en est à ceux qui, après les avoir entendues de ma bouche, ont persisté à dénaturer ma pensée et mon langage.

Je ne me défends point, d'ailleurs, d'avoir parlé avec modération de la personne et de la famille de l'Empereur, à l'heure même où son gouvernement me poursuivait à outrance, parce que ma conscience me portait à combattre publiquement des actes contraires aux intérêts de la religion et du pays. Je reconnais également qu'en demandant à M. Léonce Dupont, auteur du livre intitulé : *Le Quatrième Napoléon*, d'avoir à effacer de l'entête de sa brochure une épigraphe qui ne pouvait loyalement y être maintenue, je n'ai eu garde de prononcer aucune parole offensante pour un pouvoir tombé. La loi évangélique, dont nous sommes les interprètes et les ministres, nous fait un devoir d'allier à la franchise et au courage de la résistance les habitudes du respect ; et nous ne savons pas ajouter nos coups à ceux que le malheur a frappés.

Cela dit, et sans incriminer la bonne foi de mon visiteur de 1863, je m'abstiens de chercher comment il a pu commettre cette erreur, et se porter à un procédé dont le sentiment public a déjà apprécié la couvenance.

Agréez, Monsieur, etc.

6e LETTRE.

Le 26 février 1874, M: Ernest Merson a fait tenir la lettre suivante à Mgr l'évêque de Poitiers :

Nantes, le 26 février 1874.

Monseigneur,

Après dix jours de silence, Votre Grandeur intervient dans un débat que j'avais lieu de croire éteint par mes déclarations si nettes et si formelles. A mon grand regret, je me vois obligé d'y rentrer de nouveau, à votre suite, pour vous répondre directement.

Monseigneur, sur tous les points votre mémoire est en défaut. Je ne suis pas allé à Poitiers pour une « affaire portée devant les tribunaux. » A aucune époque de ma vie je n'ai été appelé devant la justice de cette ville, et si vous avez voulu produire contre moi, à cet égard, une insinuation peu charitable, vous n'avez pas précisément eu la main heureuse.

D'autre part, je n'ai pas « pénétré dans votre cabinet. » J'ai eu l'honneur d'y être introduit par vous-même, et ce n'est pas sans quelque fierté que je me rappelle les termes trop flatteurs dans lesquels Votre Grandeur daigna me féliciter de mon livre sur la *Vie de Jésus*, qu'elle connaissait par le bruit public, et qu'elle ne craignit point d'appeler « un grand service rendu à la religion. »

Le fait vrai, c'est que, traversant Poitiers pour me rendre dans le Midi, où m'appelait le soin de ma santé, j'ai été heureux de m'y arrêter et d'y saluer l'un des prélats les plus distingués de l'Église de France.

Vous avez bien voulu me recevoir avec une courtoisie exquise, dont, après dix ans et malgré la controverse présente, j'aime à me souvenir avec une profonde gratitude. J'en étais si pénétré, au sortir de notre conversation, que j'écrivais les lignes suivantes, reproduites dans un volume dont je vous ferai tenir un exemplaire, si vous l'avez pour agréable, et qui a pour titre : *Journal d'un Journaliste en Voyage :*

« L'évêque de Poitiers m'a accueilli avec une grande bien-
veillance et m'a retenu pendant une heure et demie dans une
conversation très-libre et très-attachante. Le prélat est de
haute taille, de figure jeune encore, et d'un air parfaitement
spirituel. Il a les cheveux roux, la lèvre mince, l'œil fin et la
main très-soignée. Il parle beaucoup et avec une rare élé-
gance de forme. Ses idées politiques sont bien moins radi-
cales qu'on le suppose (au point de vue légitimiste), et, si je
ne craignais d'être indiscret, je donnerais à cet égard quelques détails intéressants. Ici vous comprendrez ma réserve
et l'approuverez. M⁰ᴿ Pie, auprès de qui je n'avais d'autre
recommandation que mon livre, a bien voulu m'entretenir,
avec une entière indépendance de pensée. Je m'en voudrais,
n'y étant pas autorisé, de reproduire un seul mot de notre
conversation. »

Vos paroles que la discrétion m'interdisait de
citer en 1863, sont précisément celles que le
devoir m'a autorisé à publier plusieurs fois depuis
la chute de l'Empire, notamment le 1ᵉʳ octobre
1873.

Mais si je ne les ai pas reproduites alors dans un
journal ou dans un livre, je les ai communiquées
du moins à plusieurs personnes, dès mon retour
à Nantes, tant elles me paraissaient significatives ;

et parmi ces personnes je me permettrai de citer MM. Henri Chevreau, ancien ministre ; le baron de Girardot, ancien secrétaire-général ; V. Gache, ingénieur ; Émile Cornillier, négociant ; Albert Huet, ancien député, qui en témoigneraient volontiers, j'en suis sûr, s'il convenait à Votre Grandeur d'interroger leurs souvenirs.

Je note, en passant, que je n'ai point aperçu la ceinture d'agents de police qui aurait entouré votre palais épiscopal. Tout était solitaire aux approches de votre « maison, » et si l'on vous surveillait d'habitude, Monseigneur, ce qui eût été faire outrage à la dignité de votre prélature, le système offensant d'observation dont vous vous plaignez me paraît avoir été absolument suspendu le 23 décembre 1863.

Je prendrai la liberté, Monseigneur, de signaler l'endroit de votre lettre où se trouve cette contradictiction frappante : « J'écris ces paroles à regret : la faute en est à ceux qui, *après les avoir entendues de ma bouche*, ont persisté à dénaturer ma pensée et mon langage. « Si j'ai entendu ces paroles de votre bouche, vous convenez de les avoir

prononcées : alors que devient votre dénégation ?
Si je ne les ai pas entendues, comment se fait-
il que vous m'accusiez d'avoir dénaturé votre pensée, quand je les ai rapportées sans aucun commentaire et uniquement en vous faisant honneur
d'avoir été, jusqu'à ce moment, bon prophète ?
En vérité, Monseigneur, dans ce langage si em-
barrassé et qui se donne tour-à-tour un démenti à
lui-même et s'affirme comme malgré lui, je suis
tenté de voir un aveu.

Un aveu, ai-je dit. Mais est-ce que je ne le rencontre pas, éloquent et décisif, dans cette révélation
de la dernière lettre de M. Léonce Dupont, portant
la date du 18 février :

Lorsque j'ai communiqué au vénérable évêque le télégramme où M. Merson affirmait sur l'honneur avoir entendu
les propos qu'il avait rapportés, Sa Grandeur s'est rappelé
qu'un jour, à Poitiers, il y a bien longtemps, Elle avait, en
effet, parlé au rédacteur de l'*Union bretonne* de la roue de
la fortune qui, en tournant, ramènerait peut-être des circonstances et des conjonctures telles que le Prince Impérial serait
pour la France une ressource suprême. Le prélat, cependant,
croit avoir ajouté que la même mission pourrait incomber
aussi bien au comte de Chambord ou bien au comte de Paris.

Monseigneur, vos souvenirs vous ont, encore là-dessus, mal servi. J'affirme que vous m'avez entretenu du Prince Impérial, mais qu'il n'a été nullement question entre nous du comte de Chambord ou du comte de Paris.

Pardonnez-moi de vous contredire. Mais vous m'y obligez, et je vous prie de remarquer que ce n'est pas à moi qu'on peut imputer cette polémique, dont la responsabilité revient toute entière à l'imprudente initiative de M. l'abbé Héline, votre secrétaire. Attaqué, je me défends. C'est audacieux, évidemment ; mais comme c'est mon droit, Monseigneur, vous ne sauriez m'en vouloir d'en user librement, sans oublier toutefois les ménagements respectueux que m'impose votre auguste caractère. En réalité, ce que j'ai rapporté vous honore, loin de vous être dommageable, et l'on discerne mal le motif de vos dénégations. En ceci, nous luttons de mémoire, et jusqu'à présent, vous devez en convenir, ce n'est pas de votre côté qu'est l'avantage. J'affirme, parce que je me souviens ; vous niez, parce que vous ne vous souvenez pas. Voilà le fond de l'affaire. Laissez-moi

croire que, dans cette condition, l'issue du débat, pour tous les esprits impartiaux, ne saurait un instant être douteuse, même malgré l'évocation que vous faites du Grand-Turc, qui doit se montrer très-surpris de se trouver engagé ou compromis dans une telle querelle.

Vous semblez douter, Monseigneur, que je jouisse d'une « autorité » suffisante pour qu'il soit besoin de m'opposer deux démentis, un seul devant sans doute me terrasser. Je ne veux pas m'étonner d'un langage si dédaigneux sous votre plume ordinairement plus chrétienne. Je suis, en effet, un journaliste fort modeste et sans grand renom ; mais ma parole, du moins, n'a jamais été révoquée en doute, et mes honorables confrères ont pour moi assez d'estime et en moi assez de confiance, qu'ils n'ont point cessé, depuis bien des années, de m'élire comme leur président. Cela n'a peut-être point de valeur pour vous, et il suffit, à votre gré, qu'on me contredise d'un sommet quelconque pour qu'aussitôt je tombe désarmé, demeurant abasourdi ou confondu. Toutefois, associé au publiciste obscur, il y a en moi un galant homme assez sûr de lui-même pour ne pas tolérer qu'on le démente, et qui, plaçant ses affirmations sous la garantie de son honneur, a su toujours se faire respecter par ses adversaires, même par ses ennemis.

Dieu n'a pas voulu que je fusse, comme vous, Monseigneur, ministre de la « loi évangélique » ; mais il n'en a pas moins placé cette loi très-haut dans mon esprit et très-avant dans mon cœur. Non-seulement je me suis appliqué à ne jamais la transgresser ; mais j'ai mis mon orgueil et mes soins à la respecter avec le dernier scrupule, à la servir avec la plus vigoureuse énergie. Je lui obéis aujourd'hui, non-seulement en attestant ma « bonne foi », à laquelle, en terminant, vous daignez rendre hommage, mais encore en maintenant la sincérité absolue du récit que vous contestez et qui, j'en jure de nouveau, est l'expression exacte de la plus entière vérité.

Je suis avec un profond respect, Monseigneur, de Votre Grandeur, le très-humble et très-obéissant serviteur.

Ernest Merson.

7ᵉ LETTRE.

(SOUS FORME D'ARTICLE COMMUNIQUÉ.)

—

Le 4 mars, le *Courrier de la Vienne*, en reproduisant la lettre qui précède, l'a accompagnée de ces observations, qui lui ont été évidemment communiquées par l'évêché de Poitiers :

M. Ernest Merson, rédacteur en chef de l'*Union Bretonne*, nous demande, en faisant appel à notre impartialité, l'insertion d'une lettre qu'il a adressée à Mᵍʳ l'évêque de Poitiers et publiée dans son journal, en réponse à celle du vénérable prélat que nous avons récemment insérée.

Malgré sa longueur, nous ne refusons pas à M. Merson la reproduction de cette lettre, sauf, cependant, à l'accompagner de quelques réflexions que sa simple lecture nous suggère.

M. Merson paraît surpris que Sa Grandeur intervienne après dix jours de silence. Il ignore apparemment qu'à l'évêché de Poitiers on ne lit pas l'*Union Bretonne*; et il a fallu, nous dit-on, une communication bienveillante, quoique tardive, pour que l'on ai eu connaissance de ses articles.

Quoi qu'il en soit, M. Merson n'aura pas à noter les « jours de silence » qui suivront la publication de sa lettre d'aujourd'hui ; car nous savons que son éminent contradicteur n'a pas l'intention de poursuivre une polémique close à ses yeux par sa dernière réponse.

Qu'y ajouterait-il, en effet ? Mgr l'évêque de Poitiers a nié les paroles que lui avait attribuées M. Merson. Celui-ci les maintient. Un désaccord semblable, reposant sur un fait matériel, met fin à toute discussion.

Il ne nous siérait, à aucun égard, de nous engager, aux lieu et place de Mgr l'évêque de Poitiers, dans un débat que Sa Grandeur juge de sa dignité de ne pas poursuivre. Mais, laissant de côté le fond même de l'entretien du 23 décembre, nous cherchons le sens de la lettre de M. Merson de ce jour : qu'y trouvons-nous ?

Il se félicite de la courtoisie exquise avec laquelle il a été reçu par l'évêque et lui en exprime une vive gratitude.

Dans son *Journal d'un Journaliste en Voyage*
il dit « *qu'il s'en serait voulu, n'y étant pas autorisé, de reproduire un seul mot de sa conversation
avec l'évêque.* » Cela prouve qu'il avait alors le
sentiment de certaines convenances, qui auraient
dû, semble-t-il, lui inspirer le même silence le 1ᵉʳ
octobre 1873.

M. Merson dit que le « devoir l'autorisait » à
publier, le 1ᵉʳ octobre 1873, les paroles que la
« discrétion lui interdisait de citer en 1863. »
Nous ne saurions comprendre comment il concilie,
à quelques années d'intervalle, ce devoir de discrétion et ce devoir de divulgation. Était-il plus
« autorisé » l'année dernière qu'il y a onze ans à
« publier un seul mot de sa conversation avec
l'évêque ? »

Quant à la nature même de cette conversation,
nous le répétons, nous ne pouvons que nous en
référer aux affirmations de Mᵍʳ l'évêque de Poitiers, qui ne redoute pas la « lutte de mémoire »
à laquelle le provoque M. Merson, et qui maintient
de nouveau à tous points la fidélité de ses pre-
miers souvenirs.

M. Merson veut voir un *aveu* dans le regret que l'évêque exprime d'avoir été amené à rectifier le propos qu'il lui a prêté. On ne peut qu'engager M. Merson à relire la lettre de Mgr Pie.

Car si notre confrère a pu se méprendre aussi complétement sur le sens de la parole écrite de son vénérable interlocuteur de 1863, comment peut-il se flatter d'avoir exactement saisi la portée et reproduit le véritable caractère d'un simple entretien, qui remonte à plus de dix ans?

M. Merson accuse « l'imprudente initiative » de M. l'abbé Héline et lui « impute » toute la responsabilité de la présente polémique.

C'est une étrange interversion des rôles.

M. Merson a imprimé dans l'*Union Bretonne* du 1er octobre 1873 une conversation intime dont les termes sont contestés par l'interlocuteur qui y est mis en cause; puis un auteur s'est emparé de ce texte pour en orner son livre. M. l'abbé Héline se sert de la presse pour le déclarer inexact, et c'est lui qui est responsable de la polémique!

M. Héline a l'honneur d'être, depuis bientôt vingt-cinq ans, attaché à la personne de Mgr de

Poitiers. Personne, plus que lui, n'a été à même de connaître jour par jour, heure par heure, les sentiments et les opinions de l'illustre prélat. Sans imprudence et par devoir, il était — savons-nous de source certaine — parfaitement autorisé à affirmer que les paroles qui ont servi d'épigraphe à la première édition du *Quatrième Napoléon* n'ont jamais été ni prononcées ni écrites.

Mais ces protestations, émanées de Mgr de Poitiers ou faites en son nom, sont appuyées de preuves : M. Merson repousse ces preuves, et, sur ce point, il nous appartient d'apprécier sa réponse.

A quel moment M. Merson place-t-il dans la bouche du prélat sa prophétie en faveur du jeune Prince Impérial? Au moment où la persécution dirigée par l'Empire contre l'évêque de Poitiers était dans toute sa violence. M. Merson affecte de mettre en doute les agissements de la police, constatés alors, à chaque heure du jour, autour du palais épiscopal? Qui a ignoré, sauf lui, non-seulement en France, mais aussi à l'étranger, la façon dont le gouvernement impérial et sa police ont traité l'évêque de Poitiers et ses amis, et cela pendant de longues années ! Qu'il le sache donc ! à cette mémorable époque, tout fonctionnaire convaincu d'avoir franchi le seuil de l'Évêché, tombait immédiatement sous le coup d'une destitution.

Est-ce tout? Non, c'était comme filleul du Pape que Mgr l'évêque de Poitiers, au dire de M. Merson, avait tiré de l'avenir du jeune Prince des destinées de la France sous son règne le plus favorable horoscope; et il se trouve que, loin d'avoir pu être considéré comme un fait d'heureux augure pour l'Église, le baptême du fils de Napoléon III rappelle aujourd'hui à Pie IX une date douloureuse entre toutes; car il coïncida avec un événement qui fut le premier coup porté par l'Empire au pouvoir temporel des Papes.

Le Grand Turc, dit M. Merson, *doit se montrer très-surpris de se trouver engagé et compromis dans une pareille querelle.*

Ce qui a dû surprendre le Grand Turc, c'est de se voir appelé en 1856, dans les conseils de l'Europe, chose qui ne lui était jamais arrivée sous les rois chrétiens, ni même sous les pouvoirs révolutionnaires qui ont précédé Napoléon III ; tandis que le Pape, qui avait longtemps siégé dans ces mêmes conseils, n'y a pas été cette fois admis. Si M. Merson ne comprend pas tout ce que le protocole du congrès de 1856, dans de pareilles circonstances, avait de particulièrement outrageant pour le Saint-Siége et pour les évêques qui lui sont attachés comme le nôtre, il est bien près d'avoir perdu le sens catholique dont il cherche à se faire tant d'honneur.

Or, c'est précisément entre la promesse obtenue du Pape d'être le parrain du Prince et les cérémonies du baptême, que M. Walewski, par ordre de l'Empereur, a dénoncé, le Turc présent, le gouvernement pontifical, qui n'était pas représenté.

Comment croire qu'un évêque comme celui de Poitiers ait pu voir dans des circonstances, de tout point si douloureuses, l'avenir providentiel que M. Merson prétend lui avoir entendu prophétiser ?

Telle est la valeur de l'argument emprunté au Grand Turc. Mgr l'évêque de Poitiers prouvait ainsi que la version qu'on lui opposait, sans doute par suite d'un défaut de mémoire, n'avait pas seulement contre elle la vérité, mais encore la vraisemblance.

Cela dit, nous publions la lettre de M. Merson, en lui déclarant que nous considérons le débat comme clos dans nos colonnes.

8e LETTRE.

Le 5 mars 1874, le rédacteur en chef de l'*Union Bretonne* a adressé la réponse qui suit au rédacteur en chef du *Courrier de la Vienne :*

Nantes, le 5 mars 1874.

Monsieur et cher confrère,

Vous êtes le troisième adversaire que je rencontre dans cette polémique, qui a mené déjà un certain bruit. J'ai répondu à M. l'abbé Héline ainsi qu'à Mgr l'évêque de Poitiers. Il est juste que je ne garde pas le silence vis-à-vis de vous.

Je ne vous reprocherai pas d'avoir mis huit jours à publier ma lettre du 26 février. Vous attendiez patiemment les observations dont vous teniez à l'accompagner, et l'on tardait à vous les fournir. Mais si vous les avez lues, ces observations, vous devez être surpris que je m'occupe à les réfuter. Elles accusent, en effet, un tel désarroi, que tout autre à ma place y verrait une confession d'impuissance et une retraite mal déguisée. Moi, mon cher confrère, je veux les prendre très au sérieux et les traiter absolument comme si elles avaient une valeur véritable.

Seulement, procédons par ordre :

On vous fait dire que Mgr l'évêque de Poitiers juge de sa dignité de ne pas poursuivre le débat. C'est probablement pour cela qu'il vous en charge. La commission est honorable sans doute; mais est-ce que vos affirmations, à vous qui ne savez rien de rien de cette affaire, peuvent compenser le silence de l'éminent prélat ?

On vous fait dire que j'eusse été mieux

inspiré en me taisant en 1873, puisque je n'avais pas parlé en 1863. Au point de vue de Mgr Pie, cela est peut-être vrai ; au point de vue de l'histoire, cela est absolument inexact. Si les paroles du vénérable évêque avaient été de nature à le compromettre, évidemment j'aurais manqué au plus vulgaire devoir en les révélant. Comme, au contraire, elles attestent son grand discernement et la sûreté prodigieuse de son jugement, j'étais tout-à-fait autorisé à les divulguer, et vous me permettrez, mon cher confrère, de ne pas accepter là-dessus la mercuriale que vous avez été commis pour me transmettre.

On vous fait dire que Mgr l'évêque de Poitiers n'a fait aucun « aveu » Eh bien ! que devient alors sa conversation avec M. Léonce Dupont ? Elle ne remonte pas à dix ans ; elle date de trois semaines. C'est surtout là qu'est l'aveu, l'aveu décisif et concluant, pour tous ceux qui savent lire et qui veulent sincèrement comprendre.

On vous fait dire que M. l'abbé Héline n'a point pris l'initiative de la querelle. Il me semble cependant que c'est bien de lui qu'émane la pre-

mière parole écrite et publiée dans cette polémique déjà si longue. Remontez, s'il vous plaît, à
l'origine des choses, et vous trouverez que c'est
réellement à M. le chanoine-secrétaire qu'incombe
toute la responsabilité du débat où vous vous
engagez un peu légèrement à votre tour.

On vous fait dire que Mgr l'évêque de Poitiers
a donné des « preuves à l'appui de ses protestations. » De quelles preuves s'agit-il, mon cher
confrère? Où sont-elles? Faites-les moi voir, pour
que je m'incline tout de suite, déclarant que ma
mémoire a été infidèle, que mes notes de voyage
sont inexactes, que je me suis trompé, que je n'ai
jamais vu Mgr l'évêque de Poitiers, qu'il ne m'a
jamais parlé, que je ne suis même jamais allé
dans sa ville épiscopale. Oui, puisque vous arguez
de « preuves, » fournissez-les moi ; ou bien je
dirai que vous êtes bien imprudent d'intervenir
dans une discussion dont tous les éléments vous
sont étrangers et où votre témoignage, si honorable soit-il, demeure dépourvu de valeur, même
de sens.

On vous fait dire que, sous l'Empire , Mgr

Pie était « persécuté. » Le mot est bien gros ; mais je ne le relèverai point. Ce n'est pas là mon affaire. Seulement, je remarquerai que la « persécution, » si dure qu'elle ait pu être, n'a pas du moins empêché le vénérable prélat de prononcer en pleine liberté le panégyrique de Gicquel, ce faux mort dont la résurrection scandaleuse a été tant et si perfidement exploitée par les ennemis de l'Église.

On vous fait dire enfin que « l'affaire du Grand Turc » est décidément un grief contre l'Empereur, et que le traité de Paris fut « le premier coup porté par l'Empire au pouvoir temporel des Papes. » Mon cher confrère, on vous jette, bien malgré vous, dans des confusions étranges et fâcheuses. Tenez, voici, au sujet de cette question, ce que je trouve aujourd'hui même dans l'*Ordre :*

« Dans sa lettre récente au *Courrier de la Vienne et des Deux-Sèvres*, Mgr l'évêque de Poitiers ne se borne pas à désavouer certaines paroles relatives à l'avenir du Prince Impérial.

» Le vénérable prélat, incriminant avec amertume la politique de l'Empire, se plaint de l'admission du « Grand-Turc » au congrès de Paris, et conclut de cette évocation qu'il n'a jamais pu attribuer une mission providentielle au fils de Napoléon III.

» Mgr Pie ajoute que, se trouvant à Rome en 1856, il a constaté et ressenti l'affliction causée par ce scandale.

» Mgr l'évêque de Poitiers est mal servi par sa mémoire. Voici, en effet, ce que nous lisons dans le *Journal de Rome* du 3 avril 1856 :

« A peine le Saint-Père a-t il appris l'heureuse nouvelle du
» traité de paix, signé à Paris par *les divers représentants des*
» *puissances belligérantes*, qu'il a ordonné que, dans une cha-
» pelle papale extraordinaire tenue au Vatican, il en fût rendu
» de solennelles actions de grâces à Dieu.

» La chapelle a eu lieu ce matin ; le Saint-Père y assistait
» avec le Sacré Collége, *les archevêqaes et évêques*, les pré-
» lats et un très-grand nombre de personnages de distinction.
» Après la messe solennelle, pendant laquelle officiait le
» cardinal Della Genga, préfet des évêques réguliers et de
» la discipline, *le Saint Père a entonné le* TE DEUM, qui a été
» chanté à deux chœurs. Les membres du corps diploma-
» tique accrédités près le Saint-Siége et un grand nombre de
» personnages de distinction assistaient à cette cérémonie. »

» Mgr l'évêque de Poitiers n'a donc pu être témoin que de la joie causée à Rome par la nouvelle d'une paix glorieuse, et lui-même a certainement pris part à cette allégresse ; car nous ne pouvons croire que le vénérable prélat se soit mon-tré alors plus scrupuleux et moins équitable que le Souve-rain Pontife. »

Que dites-vous de cette pièce ? Qu'en dira M. l'abbé Héline ? Qu'en dira Mgr l'évêque de Poitiers ?

Mon cher confrère, j'ai répondu une par une à toutes les observations dont vous avez été chargé d'accompagner, le 4 mars, la reproduction de ma lettre du 26 février. Il me semble qu'aucune n'est demeurée debout, tant elles étaient toutes vulnérables et tant il était aisé, non-seulement de les réfuter, mais encore de les détruire.

Reste dans toute sa gravité la remarquable prophétie que Mgr Pie a faite en 1863, prophétie renfermant une menace contre l'Empire et une promesse en faveur du Prince Impérial. La menace s'est réalisée, hélas ! Permettez-moi d'espérer que la promesse se vérifiera. Oui, comme le vénérable prélat, j'aime à croire que l'auguste Filleul du St-Père sera un refuge pour la France, parce que ce n'est pas pour « un petit dessein que Dieu l'a fait naître sur les marches du trône. » Je cherche le salut final de la patrie, mon cher confrère, et ma raison comme mon patriotisme ne le rencontrent que là.

Le jour où, sorti du verdict populaire, Napoléon IV sera proclamé Empereur des Français, les prélats de l'Église de France l'environneront de leurs pieux hommages, et l'un d'eux, le plus digne par son talent, par ses vertus, par son caractère, l'un des doyens de l'épiscopat des Gaules, lui fera entendre ces paroles :

« Prince,

« Les Livres saints ont dit, et la voix publique me répète, que le langage de la flatterie ne convient pas sur les lèvres du prêtre ; mais je sais aussi que le Dieu dont je suis le ministre a horreur de l'ingratitude, et nous serions *ingrats* envers lui comme envers *vous*, si nos cœurs ne le bénissaient avec effusion de tout le bien que sa miséricorde a daigné nous faire par *vous*. Évêque et Français, je ne puis CONTEMPLER *sans une profonde et religieuse émotion l'homme prédestiné que les impénétrables desseins d'en haut tenaient en réserve*, pour opérer la délivrance de Rome et l'affranchissement de l'Église, aussi bien que le *salut de la patrie et de la civilisation*.

» Prince, c'est le précieux privilége du chrétien de n'envisager les choses de ce monde qu'avec les yeux de la foi. La mienne ne se lasse pas *d'admirer la grandeur du rôle providentiel qui vous est échu*. Elle en reporte le premier mérite et la première cause à votre vertueux père. »

Le prélat auguste qui fera entendre ce langage éloquent et sincère à Napoléon IV est celui-là même qui, en 1852, l'a tenu devant l'Empereur Napoléon III ; c'est mon saint contradicteur du temps présent, Mgr Pie, évêque de Poitiers, interprète fidèle du sentiment de tout le clergé de France , traducteur scrupuleux de la pensée intime de tout le monde catholique.

Voilà, mon cher confrère, ce que j'aperçois, en soulevant le rideau qui nous cache à tous l'avenir. Vous direz que je rêve. Je crois, moi, que je touche de bien près à la réalité.

Agréez, mon cher confrère, mes sentiments les plus dévoués.

ERNEST MERSON

Nantes, impr. Merson, rue du Calvaire, 8.

www.ingramcontent.com/pod-product-compliance
Lightning Source LLC
Chambersburg PA
CBHW061259050726
47594CB00004B/1543